BEŞ YÜZYIL

Milattan sonra ilk beş yüzyıl

Milattan sonraki beş yüzyıla ilişkin bilgiler.

Tarih tıpkı bir kelebek etkisi gibidir.

 Milattan sonraki ilk yüzyıllarda, yeryüzünde dağılmış topluluklar var.Bu toplulukların arkeolojik araştırmalara göre 10.000 yıl hatta 35 000 yıl kadar öncelere giden geçmişleri var.

Orta Amerika Maya Medeniyeti : MÖ 10.000-15.000

Çin Medeniyeti: M.Ö 7000 YIL

Hint Medeniyeti: MÖ 3500

Mezopotamya Medeniyeti: MÖ 5500-5000

Mısır Medeniyeti: MÖ 3500

Kuzey Avrupa'da yaşayan toplumlar :   MÖ 5000

Bu yıllara kadar veriler elde edilmiş ve yeni keşifler yapılmaya devam ediliyor.Yakın zamanda milattan önce kırk bin yıl önceye ait flüt şeklinde bir müzik aleti bulundu.

Milattan sonraki ilk yüzyıllarda Orta Amerika,Çin,Mısır ve Roma'nın topraklarında bilim insanları çalışmalar yapmakta idi ve yaşadıkları zaman diliminde astronomi matematik-geometri-trigonometri coğrafya ve mimari bilgileri belirli bir seviyededir..Bu bilgilerin kökeni daha eski zaman dilimlerine ait.

MİLATTAN SONRA BİRİNCİ YÜZYIL

Güneş tutulmaları,ay tutulmaları hesaplanabiliyor,bir yılın 365 gün olduğu konusunda herkes hemfikir.Yıl dönümleri her medeniyetin kendi değerlerine göre şekilleniyor olmalı.

Toplumların kendilerine özgü sayı sistemleri var. Mesela Hindistan tarafında yaşayanlar dokuz tabanlı bir sayı sistemi,Orta Amerika da yaşayanlar 25 tabanlı bir sayı sistemi eski çağlarda kullanmışlar.Günümüzde on tabanlı sayı sistemi kullanılıyor.

Mö 2000 li yıllar milattan sonraki bu ilk asırları anlamak için önemli.Daha milattan önce iki binli yıllarda deniz yolculukları ve deniz ticareti başlıyor.Bilgi ve kültür etkileşimi de topluluklar arasında başlamış oluyor.

Ortadoğu topraklarında Tevrat'a inanan insanlar yaşıyorlar.

Mayalarda da Romalılarda da toplum yapıları gücü elinde bulunduranların hakimiyeti altında.Ama güç demek adalet değil, sıradan insanlar bu güç sahiplerinin insafında.Roma İmparatorluğu'nda Cumhuriyetin ismi kalmış.Halk arena dövüşlerinin gündemini önemsiyor.En çok da Kudüs civarında Ortadoğu topraklarında insanlarda bir sıkılmışlık hakim..İnançları icabı bir kurtarıcı beklemekteler.

Ortadoğu topraklarında Zekeriya peygamberin oğlu hz.Yahya yaşıyor.ve hz.Yahya'nın annesi ile hz.Meryem'in annesi kardeş…

Hz.Meryem temiz ve iffetli biri.hz.İsa' hz.Meryem'den babasız bir şekilde dünyaya geliyor.

Hz.İsa baskılar altında yaşayan bir kurtarıcı bekleyen topluluğa peygamber olarak geliyor.Peygamberlik mucizeleri var.Halkın çoğu tarafından seviliyor.Ve tebliği kısa sürüyor.

Çevresinde ona inanan on bir tane havarisi oluyor.ve kendisinden sonra ilahi mesajı insanlara ulaştırmak için seyahatler de bulunuyorlar.Havariler Hz.İsa'nın misyonunu temsil ediyorlar ve tebliğini anlatıyorlar.

Hz.Yahya üç semavi din tarafından da peygamberliği kabul edilen biri olarak bu yüzyılda yaşıyor.

Hz.Yahya'nın ismi İncil'de Yuhanna olarak geçmekte.Hz.Yahya Hristiyanlık'ta aziz olarak kabul edilmekte. 24 haziran Hristiyanlık'ta
''aziz Yahya günü ''olarak kutlanmaktadır
.
Hristiyan dünyasındaki birçok aziz ve azizenin Hristiyanların baskı ve eziyete,ölüme mahkum olduğu zaman dilimlerinde çile çeken, ölen kadın ve erkeklerden oluştuğu söylenir.

Çin medeniyetinde Han Hanedanlığı'nda mahkemeler var.Çinliler milattan önceki yıllardan beri Hun Türkleri ile komşuluk içindeler.Zaman zaman problemler yaşanıyor.Han Hanedanlığı Çin tarihinde önemli bir yere sahip.Çinliler iki yüzyıldır kara ve deniz yollarını keşfedecek seyahatler yapıyorlar.Bu yüzyıl üçüncü yüzyılları.Bu yüzyılda kıçtaki dümen sayesinde gemilerin yönlendirilmesini sağlayan dümen geliştirmişlerdir.

Orta Amerika'da Maya Kızılderili topluluğu yaşıyor.Tarım,seramikler,kakao,fasulye,mısır,balıkçılık,avcılık gibi uğraşlar içindeler.Büyük dinsel tapınakları var.Evleri,evlerinde somyaları var.Ama odalarında pencereleri yok.Gökbilim konusunda önemli bir seviyedeler.Tapınakları gözlemevleri hep yıldızların konumlarına göre yapılıyor.

Bu yüzyıllarda yeryüzünde toplumlar ve toplumlarda hiyerarşi-sınıflar var. Milliyetçilik akımları gibi söylemler hiç yok.On dokuzuncu yüzyıla kadar yok.

Yazı milattan önceki dönemlerden itibaren işlevsel.Varlığa ait sorular soran insanlar var,Bu cevaplar ve diyalektikler sürüp giderken havariler de imanı anlatmak için yolculuklar yapmakta.Sokrates ve talebelerinin etkisi milattan önceki zamanlardan gelip bu yüzyılı da geçerek yansımaya devam edecek.Geçen yıllar içinde safi sorular ve safi bir inanç zaman zaman otoritenin, taraf olan ya da olmayan safların söyleminde yeri gelince çekiştirilecek.

Strabon'un antik dünya coğrafyası kitabı ile tarihe notlar düşüyor.

MİLATTAN SONRA İKİNCİ YÜZYIL

Kayıtlara göre bu yüzyılda dünya tarihinde Roma İmparatorluğu ve Çin Medeniyeti belirgindir.

Çin'in bütün medeniyetlerle atbaşı giden bir tarihi vardır.Kökeni çok eski tarihlerden itibaren belirir.

Dünyada bilinen ilk bilim kurgu kitabı Çin'de yazılmıştır.Yazarı ZHANG HENG,insanlığın yıldızlara yolculuk yapmasını hayal etmektedir.

Depremin şiddetini ölçen ilk alet de yine ZHANG HNEG'e aittir.Çinliler asırlardır deprem kayıtları tutmaktadır.

Bu yüzyıllarda uygarlıklarda bir bilim insanı, matematik astronomi astroloji trigonometri geometri coğrafya gibi konularda donanımlı olabilmektedir.

Zhang HENG bu bilim dallarına ilaveten edebiyat alanında da eser vermiştir.Otuz iki eseri vardır.İyi bir ressamdır.

Çinliler kara ve deniz keşifleri ile bölgelerindeki komşularıyla etkileşim halindeler ve tanınıyorlar.

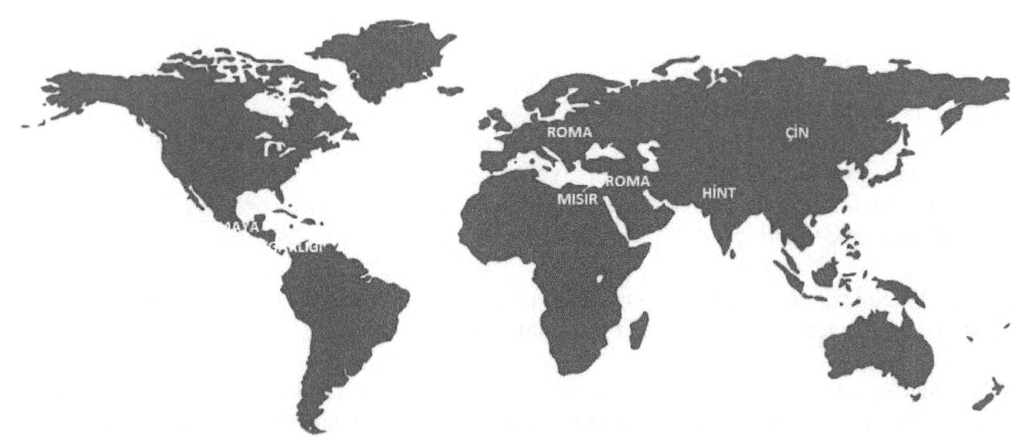

Avrupa,Anadolu,Arap Yarımadası'ndan çok çok önce Çinliler kağıt kullanmışlardır.Beş yüzyıl boyunca bu buluşu sakladıkları da rivayet edilmektedir.

Ms 2.yüzyılda kağıt üretimini bir buluş ile daha da geliştirmişlerdir.Cai LUN bu kağıt yapımının geliştiricisidir.Hanedanlığın mahkemelerinde görev yapmıştır.

Batıya bakıldığında Batlamyus yine aynı branşlarda birçok eser vermiş,kendinden önceki astronomi trigonometri matematik coğrafya gibi bilgileri derleyip sentezlemiştir.

Yaşadığı toplumda bilinen dünya coğrafyasını enlem ve boylamlara ayırmıştır.Bilgi eksikliğinden dolayı coğrafi çizimlerinde yanlışlıklar vardır.

Optik ışığın kırılması dünya güneş ve gezegenlerin ne şekilde konumlanmış olabileceklerine dair görüşlerde bulunmuştur.Ekliptik-elips yörünge yaklaşımına yaklaştığı bilinmektedir.Ancak bu fikri savunamamıştır.
Işığın kırılmasına dair yaklaşımları isabete yakın,diğer branşlardaki görüşleri genellikle isabetsizdir.
Yine de dar verilerle yaptığı çalışmalar ve verdiği emek takdire değerdir.

Kristof Kolomb bu veriler doğrultusunda Amerika Kıtası'nı keşfetmiştir.

Keşfedilen bu kıtada çok eski uygarlıklar bulunmaktadır.Kent devletleri,toplumsal yaşantıları,sosyal hayatı,tapınakları ile Orta Amerika'da yaşayan Mayalar...Kızılderili toplulukları.

Mayalar yerleşik toplum düzeninde ve kent devletleri olan bir toplum.Ölmek Uygarlığı ile aynı kıtada etkileşim içinde olmuşlar.Bu ikisi komşu iki uygarlıktır.Mayalar bir tarım toplumudur.Kakao önemli bir ticari madde ve besin ürünüdür.Bu toplumda kendi inançlarına göre bir ahiret inancı mevcuttur.Bütün toplumlarda hemen hemen ahiret inancı görülmektedir.Piramit şeklinde dev tapınakları vardır.Paganist adetler ibadetlerinde gözlenir.Dikilitaşlarda yazılı metinler bırakmışlardır.

Mayalar üçüncü yüzyılda altın dönemini yaşayacaktır.Altıncı yüzyılda tarih sahnesinden silineceklerdir.

Bu yüzyılda Roma İmparatorluğu'nun ''beş iyi imparator'' denen evresi vardır.İyilikleri kendilerinden önce ya da sonraki dönemlere göre daha ılımlı politikalar sürdürdükleri düşünüldüğündendir.Kayıtlara göre taht değiştirmelerde kaos başka dönemlere göre daha az yaşanmıştır.Sistemli taht değiştirmeler uygulanmıştır.

MİLATTAN SONRA ÜÇÜNCÜ YÜZYIL

Roma İmparatorluğu'nda önemli bir yüzyıldır.İmparator Diocletianus dikkatiçeker.Halk tarafından kendinin kutsandığı törenler yapılmasına müsaade etmiştir.İlginçtir sonunda kendi isteği ile tahtı bırakarak bahçesinde lahana yetiştirmenin mutluluğu ile yaşamıştır.

Roma topraklarının bir imparatorun yönetemeyeceği kadar geniş olduğunu düşünmüş ve Roma'yı ikiye ayırmıştır.İki adet İmparator atamış ve bu iki imparatora da ikinci derecede birer imparator-sezar atamıştır.Böylece bir dörtlü yönetim uygulamaya başlamış,taht kavgaları ve iç savaşın önüne geçmek istemiştir.Kendisi Doğu Roma İmparatoru olarak İzmit'i o zamanki adıyla Nikomedia'yı kendine başkent yapmıştır.

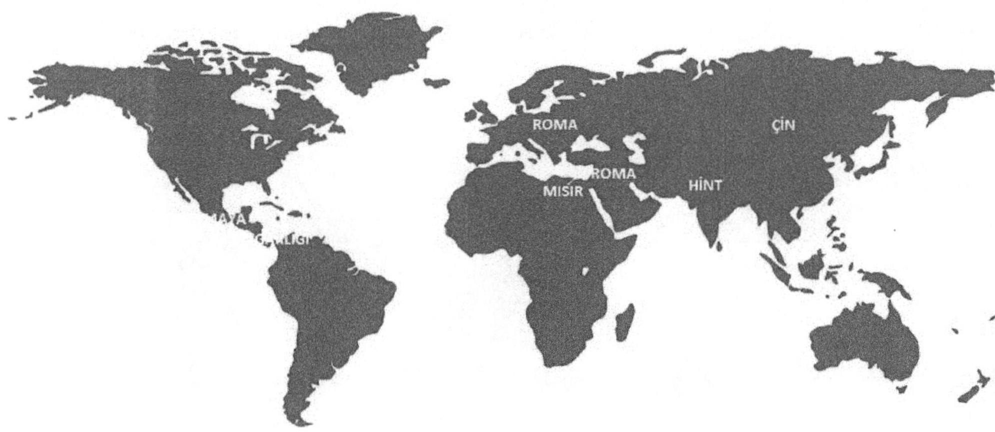

Uzun süre Hristiyanlara ılımlı davranılmışsa da son dönemlerinde Hristiyan kitapları ve ibadethaneleri ortadan kaldırılmıştır.Hristiyanların ibadet için biraraya gelmeleri yasaklanmış,Hristiyan din adamları tutuklanmıştır.On yıl içinde öldürülen,işkence gören,hapse atılan Hristiyanlar olmuştur.

Bu yüzyılda **Plotinos** bir filozof olarak belirir.

Yaklaşımı Yeni bir Platon akımıdır.Etkileyici bir bilgedir.**Düşünceleri ile yaşamı, aradıkları ile buldukları bir bütündür.**

Ona göre varlığı makul ve yüksek ''Bir'' in karşısında herşey bir görüntüden ibarettir.''Bir''karşısında kendisi de dahil hiçbir şeyin ve kimsenin varlığı, önemli değildir.**Bu duyguyu öylesine yaşamış ve kendi hiçliğini yüksek ve varlığı makul ''bir'' in karşısında öylesine kabul etmiştir ki geçmişi,doğumyeri,doğum tarihi bilinmez.Bilinmesini kıymetli görmemiştir.**

Kendisine seyahatler yaparak birçok öğretmen aramış,tek bir kişiyi ruhu kabul edebilmiştir.**Ammonius Saccas isimli bu kişi hamallık yaparak geçinmekte ve alçakgönüllüdür.O da hiçliği seçmiş gibidir.**Hakkında bir malumat bulmak zordur.

Bu yüzyılda günümüz Hristiyanlığındaki teslisi Origenes ele alır.Hz.İsa Tanrı'nın oğlu mudur değil midir tartışmaları yapılır.Origenes bu konunun hem felsefi hem akıl hem de inanç olarak açıklanabilir olmasının önemine dikkat çekmiştir.

Origenes Hz.İsa 'nın Tanrı'nın gerçek oğlu olamayacağını cehennem azabının ebediyen sürmeyeceğini ve ruhların bu dünyaya yükselmek gelişmek ve arınmak için geldiklerini,ruhların doğumdan önce de varolduklarını savunmuştur.Origenes'in fikirleri ötürü İznik Konsili'nce mahkum edilmiştir.

İznik Konsili Hristiyanlık içerisinde yapılan tartışmaları netleştirmek için kurulmuştur. Ms

.325 yılında İmparator Konstantin tarafından toplanmıştır.

Ms 4.yüzyıla rastlar. Origenes'in fikirleri konsil tarafından mahkum edilmiştir.

Bu üçüncü yüzyılda Çin'de pusula geliştirilmiştir.Bir mühendis sürekli güneyi gösteren bir

at arabası geliştirmiştir.Çin'de Han Hanedanlığı'nın topraklarında nüfus altmış milyon

kadardır.Çin'in altın çağıdır.Bu hanedanlık gelecek yüzyılda olmayacaktır.Döneminde Çin

ipek ihraç etmiş,**Orta Asya Kervan Yolları** güvenlik alına alınmış,**Doğu Asya Çin**

egemenliğinin temelleri atılmıştır.

Peki Maya Medeniyeti'nde neler olmaktadır?

Tapınakların yönetici kadrosu vardı.Din adamlığı kuşaktan kuşağa geçmekte bazı soylular da din adamı olabilmekte idi. Tüccarlar soylu sınıfındandı.Komutanlar da soylu sınıfındandı.Tüccarlar komutanlara isihbarat bilgileri aktarmaktaydılar.Toprak halka aitti.**Soylular hiçbir iş yapmasa da tarım üretiminden pay alırdı.**av,balıkçılık,bal,pamuk,battaniye ürünlerinden oluşan vergi de soylulara ödenirdi.Yani halk hem kendisi hem de soylular için çalışırdı.Halk küçük insanlar anlamına gelen kelimelerle adlandırılırdı.

Kölelerin çocukları da köle sayılırdı.Köle bir çocuk anne babaıyla birlikte veya onlarsız ticari bir mal olarak satılabilirdi.

Para yoktu. Takas yöntemi kullanılmaktadır.Kakao meyvesi bazen para yerine kullnılmaktadır.

Deniz ve kara taşımacılığı yapılmıştır. Tekerleği bildikleri ama hiç kullanmadıkları aktarılır.

Kan bağı ya da aynı iş yapanların etkinliğine göre kabileler vardır.

Tapınaklarını ve gözlemevlerini yıldızların yörüngelerine uygun olacak şekilde özenle inşa etmişlerdir.

Kentlerde insanların toplandığı meydanlar da vardır.Binalarında kabartma ve taş işçiliği kullanılmıştır.

Kent merkezlerine yakın saraylar vardır.

Top oyun sahaları vardır.

Süslemelerde sanatsal olarak kuş tüyü kullanılmıştır.

Seramik ürünleri çeşitlidir.

Hafif kuzey ve güneye doğru da Meksika ve Peru'da yaşayan başka Kızılderili toplulukları da vardı.

FELSEFE ÜZERİNE

Milattan sonra üçüncü yüzyılda **Platinos** önemli bir filozoftur.**''Bir'' in karşısında hiçliği benimsemiş** sonraki dönemlerde bu akım neoplatonculuk şeklinde adlandırılmıştır.

Felsefeyi felsefe terimi ve terminolojisine hapsetmek bilgiyi sadece ayrıcalıklı ve izole bir gruba has kılmak anlamına gelebilir.Oysa bahsi geçen felsefecilerde çok sahici, insanca, samimi düşünen bir insan olarak, söylem ve sorular vardır.

Bu durum sadece felsefecilerin değil ,bazen evde oturan yaşlı bir adamın da ilgisini çekebilir.

Sokrates'in de **Platon**'un da **Platinos**'un da,**Ammonius Saccas**'ın da yaşamında samimiyet ve olduğu gibi olmak, erdemli olmak adına çok önemli ve örnek doneler bulmak mümkündür.

Kur'andaki ayetler insanların :''biz atalarımızdan böyle görmedik'' şeklinde beyanlarını örnek verir. Bu dikkatle incelendiğinde neredeyse tüm asırlar için geçerli bir sözdür.

İnsanlar doğup büyüdüğü ortamdaki değerler yapısını benliğinin bir parçası olarak taşır,yetişkinlikle beraber bazen bu değerleri aşar,bazen ne kadar pozitif bazen de ne kadar negatif olduğunu irdeleyip farkedebilir.Bazen yaşadığı zaman diliminden çıkıp çağını öncesi ve sonrasıyla algılayıp düşünce dünyasını gördüğü tabloya göre şekillendirebilir.

Ama yığın halinde tanımlanacak kitleler yerkürede yaşadığı dönemden başka bir dönem,aldıladığı değerlerden başka bir değer bilemeyebilirler.**Eğitimleri,bilgi birikimleri,bilgiyi yorumlayışları yeni bir üretkenlik ve yenilik vermeyebilir.**Bazen bilse de egosu ve sosyal çevre baskısı kişiyi kabuğundan çıkarmayabilir.Bu genellikle de böyledir. Çoğunluğun karşısında sosyoloji düzlemini ve zaman safhını aşan insanlar hep azınlık kalmış,toplumun ve yarınların yararına da olsa düşünceleri rahatsızlık oluşturmuş,düşünceleri de kendileri de bir tehdit olarak algılanabilmiştir.Dünya tarihi bunun bilinir bilinmez ,kayıtlı kayıtsız örnekleri ile dolu olmalıdır.

Sokrates'e dair...

Sokrates' in yaşamı böyledir. Kendisine bilge olduğuna dair bir ifade yöneltildiğinde çok şaşırır,çünkü kendisi bilge olmadığını bilmektedir.

Meslek sahibi insanlara, esnaflara ziyarette bulunur.Ne kadar bilgili olduklarını tespit etmek üzere onlara sorular sorar.Ulaştığı sonuca çok şaşırır.İnsanlar bilgileri olmadıkları konularda bile biliyormuşçasına konuşmaktadır.**Anlar ki kendisine bir bilge denebilir.Çünkü diğer insanlar bilmediklerini bilmiyorlardır.**Oysa Sokrates bir şey bilmediğinin farkındadır.Belki bu yüzden bir bilgedir.

Sokrates'in ulaştığı bu sonuç bugünlerden irdelenirse, **Sokrates için çok önemli olan bu bilgelik noktası,çağımızdaki bizler içinde ulaşılması gereken bir hedef olmalıdır.**Yoksa çözemediğimiz problemlerimiz,kuru gürültülerimiz,yanılgılarımız hiç bitmeyecektir.Günümüzde her birimizde bir şekilde ego çok öndedir.**İzlediğimiz reklamlarda biz tüketicilere sunulan bütün söylemler bunun ayrı bir ifadesidir.**

Çağımızdaki bir düşünürün tespit ettiği şekliyle bir ürünün özelliklerinden çok,o kişiye vaddeettiği hayat tarzı ve kattığı değer ifade edilmektedir.

Sokrates'in aradığı bilgi hem insanı es geçmemeli, hem de doğayı anlamlandırmalı idi.Ve insan erdemli ve ahlaklı olmalı idi.

Belki insanda doğayı, doğada insanı ve varlığın cilvesini görmek, tanımlayabilmek amacındadır.

Yaşadığı dönemde aynı anda insanlar birden çok tanrılara inanırdı.Sokrates halkın inandığı şekilde bir tavır içinde değildi.

Yalın ayak gezerdi.Ahlaklı yaşardı.Kitap yazmadı.Ama ondan etkilenen gençler ve talebeleri oldu.Onun gençler tarafından ilgiyle karşılanması yerleşik düzendekilerin tepkisini topladı.

Kendilerine uyum sağlamadığı için Atina Demokrasisi'nin !! beş yüz kişilik bir hakim heyeti tarafından yargılandı,düşünce ve tutumundan taviz vermediği için zehirlenerek öldürüldü.

İşte toplum sonradan bu yaptıklarına pişman oldu,ona bu sonu layık görenleri cezalandırdı.**Socrates'in de heykelini diktiler.Ama Socrates artık yoktu.**

Tarihte bu gibi özürler hep vardır.**İnsanlık moderniteyi utandırmama adına** fikirlerinden dolayı insanları mahkum etmemeli fikirleri de zamana bırakmalıdır.

Eğer iyi bir fikir varsa işe yarayacak, iyi bir fikir değilse zaten kaybolup gidecektir.

Bir kere yaşanan bu hayatta herkesin kendini gerçekleştirme hakkı vardır.Bu hakka herhangi bir amaçla yönelmeye de kimsenin hakkı yoktur.

İnsana ulaşan ve de ulaşmaya layık olan, bilgi erdem şefkat ve tecrübe aktarımlarının kendisi ve eşitçe bir paylaşımdır.

Platon'a dair...

İşte **Platon** Sokrates'in talebesidir.Kitaplarında onun bakış açısına yer vermiştir.Socrates'in mahkemedeki savunmasını da kaleme almıştır.

Platon Socrates'in ahlakı önemsemesine ve tüm fikirlerine değer vermiş kendi demokrasi anlayışını buna göre şekillendirmiştir.

Platon'da Sokrates gibi günümüzde yaşasalar aydın olarak nitelendirilecek insanlardır.Düşünceler teknoloji gibi değildir.Eskimez esaslar vardır.

Platon da kendinden sonraki çağları etkilemiştir.Ele aldığı meseleler akla uygun, insana dair ve insan haklarını temine dair önemli esaslardır.Şöyle ifade edilebilir:

Toplum eğitimli değilse onore edilmekle çok kolay yanıltılabilir.İşte Sokrates' de Platon' da fertlerin bir yığın haline gelmemeleri için ruhun yükselmesinden,erdemin insan ruhunda varolduğundan ve bilgiyle hatırlanabileceğinden ve öğrenilip öğretilebileceğinden bahsetmişlerdir.

Bu konu her toplum ve her zaman dilimi için çok canlı bir konudur.**Felsefeye ve onları bilip tanıyan felsefecilere hapsedilmeyecek kadar çok da insanlara yakın meselelerdir.**

Sevgi ve aşkı da irdelemiş,**gerçek bir sevginin sevgi duyulana yakın olmaktan da öte bir şey olması gerektiğini savunmuştur.**''Platonik aşk'' ifadesi buradan gelir.

Ki bu ifadesi İslam kaynaklarındaki mecazi aşk,ilahi aşk kavramlarını hatırlatır:

Bir insana duyulan aşk mecazi bir aşktır.Aşka benzer ama aşk değildir.

Aşk gökte galaksileri yörüngelerinde döndüren yerde elektronları çekirdeklerinde döndüren,gökyüzüne güneşi bir göz,gözü insana bir güneş gibi takan Zat'a mahsustur denebilir.Diğer bütün aşklar sadece bir benzerliktir.Gerçek aşkı hatırlatıştır.

Dikkat çekici olan şu ki Socrates Platon Platinos zamanlarında yeryüzünde henüz derinlemesine ve herbiri yazıyla kitapla kayda geçmiş bir ''İslam kaynağı'' yoktur.Hz.Muhammed'in peygamberliği ile başlayan dönemler sonrası zamanın akışı, **yazı ve ifade ve veri aktarımlarının işlevsel hale geldiği bir çağa doğru daha hızlı bir şekilde yol almaktadır.**Hz.Muhammed a.s. **de ifade gücünün,ezberin, silsile kaydının**

önemli,özendirici ve yüksek olduğu bir topluluğa ilk başta hitap etmiştir..Kur'an ı Kerim'in en belirgin özelliği, ifade gücünün yüksek olmasıdır.

Günümüzde beyan küresel internet ağıyla **maximum** işlevselliktedir.**Farklı dillerdeki metinler bile** otomatik anında çevirilerle dünyanın her yerinden okunabilmektedir.

Sonuç olarak yeryüzünde daha   aşk-ı mecazi , aşk-ı hakiki   kitaplara **geçmemişken,**Kur'an ''Allah tektir.O'ndan başka ilah yoktur.'' **dememişken,**'' bir çiçeği yaratan bütün bir kainatı yaratabilir'' **söylenmemişken,**teleskoplardan uzay bir ekrandan izleniyor gibi **izlenmemişken,**Şems-i Tebrizi ''hiç''likten bahsedip **yol vermemişken, <u>Socrates'in Platon'un Platinos'un varlığa dair fikir emekleri çok kıymetlidir.</u>**

Gelen yüzyıllarda Müslümanlar da onlardan kah etkilenecek, kah yanlış gördükleri meselelere şerhler düşecektir.

Hatta bir yüzyıl gelecek felsefe ve felsefi yaklaşımlar tek başına İmam Gazali'nin konusu olacaktır.

Milattan sonra ikinci yüzyılda neoplatonculuk akımının söylemi Socrates ve Platon'a oldukça benzer. **Amminos Saccas Şems-i Tebrizi'yi hatırlatır.Amminos Saccas ve talebeleri biraz daha bireysel ve içseldir.**

Aşkın bir varlık karşısında her varlığın hiç oluşu,başka bir varlığın varlığının var olsa dahi önemi olmadığını vurgulamışlardır.

Acaba akıl ve inanç eksenli bu yaklaşım **bireye doğru hiçlik olarak indirgenirken**

Hz.İsa'nın tebliği bu dönemin filozoflarında etkili olmuş mudur?

Kaynaklarda genel olarak öyle bir şey yazmasa da yaklaşımları etkili olduğunu düşündürüyor:Teolojik olarak bütün peygamberler tebliğlerinde Yüce Yaratıcı' nın elçileridir.İnsanlar **kibir**lerinden **ben bilirim**ciliklerinden **bir doğruya inat ile direnmelerinden ego**larından uzaklaştığı sürece,peygamber tebliğine uygun bir çizgide bulunmaktadırlar.

Yani **insandaki akıl ve düşünce merkezi** nasıl dünyayı imar ediyorsa demokrasiler otokrasiler oluşturuyorsa, **saf bir inanç** insanın insanca işlemesi gereken, duygu dürtü hareket ve erdem yanını besleyen ,vicdanı uyanık ve canlı tutan bir işlev görüyor.

Platinos'da, Socrates ve Platon'a göre **bu açılım daha işlevsel olduğundan Hz.İsa'nın tebliğinden etkilenmiş olacağını tahmin etmek zor değil.**

BİRİNCİ KAVİMLER GÖÇÜ- DÖRDÜNCÜ YÜZYIL

Kavimlerin birinci göçü belki **evrendeki** belki **toplumbilimdeki** birçok olayın anlaşılıp yorumlanmasına yetecek donelerle doludur.

Hun İmpartorluğu Türk kökenli bir imparatorluktur. Doğu'daki Hun toplulukları Çin'in etkisiyle batıya doğru hareket edincebatıda bulunan **Batı Hun İmparatorluğu** da doğu ve güney Avrupa'ya doğru yönelmiş ve **yol güzergahındaki bütün kavimlerin de** doğu ve güney Avrupa hatta Britanya ve kuzey AFRİKA'ya kadar yer değiştirmelerine yerleşmelerine sebep olmuştur.**Bu asırlarca süren bir süreçtir.**Hunların bölünmesiyle başlar, Avrupa içlerine kitlesel göçlere kadar sürer.

Birinci   Kavimler Göçü'nden yüz yıl sonra Batı Roma İmparatorluğu yıkılır.

Yakın bir zamanda milattan önce kırk bin yılında yapılmış flüt şeklinde bir müzik aleti bulunduğunu düşünecek olursak , **Birinci Kavimler Göçü günümüze bin altı yüz küsur yıl uzaktır.Kırk bin yıl önceye göre günümüze yakın bir tarihtir.**

Yazı ve toplumlar arası etkileşim gelen gelen yüzyıllar içinde öyle bir işlevselliğe bürünecektir ki Romalıların barbar diye nitelendirdiği **gelen Cermen kavimleri, Avrupa'yı yurt edindikten sonra sekiz yüzyıl kadar din /hiyerarşi /pagan adetler/ gibi etkenlerle yaşamaya çalışırken bir yandan Roma'nın ilk yazılı kanunlarıyla karşılaşacak, bir yandan üniversiteler kuracak, bir yandan da yeni zaman dilimlerine ve yaşamlarına etki edecek Roma hukuku/On İki Levha Kanunları'nı eşitlik ve adaleti tesis etmek üzere yeniden ele alarak şekillendirecektir.**

Bu bin yılı aşan bir çabalayış olacaktır.

Bu bin yıl içinde Müslüman topluluklar ile etkileşimde olacaklar hz.Muhammed ve arkasından gelen adalet esaslı yıllar ve Osmanlı Devleti ve İmparatorluğU ile komşuluk ve siyasi ilişkiler**, ilmi çalışmalarla etkileşimler,** hiç şüphesiz **bu bin yıla olumlu şekilde etki edecektir.**

Roma Hukuku'nda bazı temel bakış açıları şablon olarak Müslümanların yaklaşımına benzemektedir. **Eşitlik, bireysel haklar, miras hukuku vb..**

Maddeler dünyasında moleküllerde zincirleme reaksiyonlar olur ve hep hep hep devam eder...Peptitler peptitler peptitler aminoasitler aminoasitler aminoasitler polimerler polimerler polimerler vb... Doğada da vücut sistemimizde de bir döngü-siklus bilimsel bır tanım olarak daima vardır.Doğada ekosistemdir,vücudumuzda da kısa ya da uzun süreli sürekli tekrar eden enerji periodlarıdır.**Sürekli bir şey:** bir şey olur...**Ama illa bir şey olur.**

Hikmet açısından da bunun böye olduğu yazılıdır.Duygusal ya da düşünsel bir boşluğa insanda da kainatta da yer yoktur.Muhakkak giden birşeyin yerine iyi ya da kötü bir şey gelir.

Madde ve manada **sürekli bir hareketlilik..**Bilinen evren boyutlarınca madde ve maddenin makro ve nano boyutlarınca **bir hareketlilik...**

Bir kelebeğin kanat çırpışı uzak bir ülkeyi etkiliyorsa, bir kedinin hoyratça kovulmasının ,bir insanın layık olarak ya da layık olmaksızın ordan oraya yol bulmasının, haksız yere herhangi bir canlının ölümünün de, bütün sistemleri etkileyecek sonuçları neden olmasın?

Birinci Kavimler Göçü de işte böyle bir hareketliliktir.Kelebek etkisi vardır.

Çin Medeniyeti'ne yakın **Hun topluluklarının doğuya doğru hareketiyle beraber** ,Hun topluluklarında **batıya doğru bir sıkışma** başlamış ve bu kıpırdanma Avrupa Hun Devleti'nin orta ve güney Avrupa'ya doğru yönelimini doğurmuştur.Böyle olunca harita üzerindeki bütün kavimler de, Avrupa içlerine ve hatta Kuzey Afrika'ya kadar yer değiştirmişlerdir.

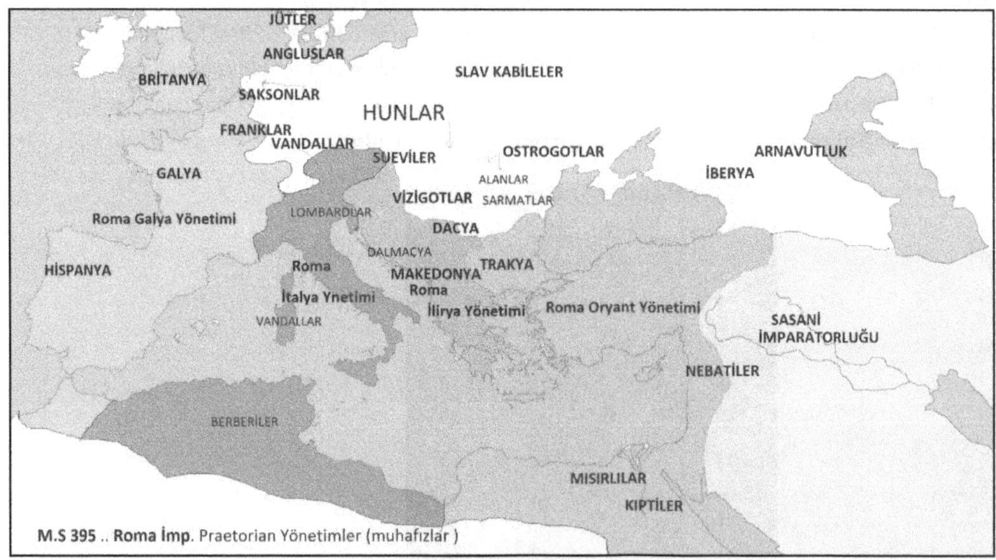

Gelen kavimler Hristiyanlığı kabul etmişler yüzyıl gibi bir süre zarfında Batı Roma İmparatorluğu yıkılımış uzunca bir süre sürecek ortaçağ başlamıştır.Bu göçlerin ardından Batı Roma'nın yıkılışı yüzyılı bulmuştur.

Bu Ortaçağ bin yılı aşkın bir süre sürecektir.

Ortaçağ'ın bitmesi için yaklaşık on bir tane yüzyıl geçecektir ki İstanbul fetholunsun.

Bu anlamda sağlığında Hz.Muhammed'in İstanbul'un fethini haber vermesi kuru bir cihan kavgası ya da Roma imparatorluğunun yıkılmasından ibaret bir şeyin haberi değildir.

Evrensel çapta bir değişimin tıpkı madde ve manada süregelip devam etmesi gibi, ilim sanat bilim ve tekniğin, kara ve deniz yolları seyahatlerinin dolayısıyla toplumlar arası etkileşimin zirve yapacağı bir dönemin başlayıp, devam edeceğinin de bir açıdan işareti gibidir. Ki Avrupa ve Osmanlı da birçok sanatçı ya da başka alanlarda zirve birçok isim tarihteki yerini almıştır.Gelen yüzyıllar boyunca almaya da devam etmektedir.

Belki Kanuni Sultan Süleyman yükseliş döneminin padişahı olarak bunu güzel ifade etmiştir:

Saltanat dedikleri bir cihan kavgasıdır

Olmaya devlet cihanda bir nefes sıhhat gibi...

Bahsedilen sıhhat şüphesiz hem bedenen hem de ruhen olan birşeydir.

Yani **zinde ve sağlıklı bir insan** temasının altı çizilmektedir.

İkinci Kavimler Göçü ise sürekli el değiştiren Trakya ve Anadolu topraklarını kalıcı olarak Türklere yurt haline getirmiştir.Türkler bin yılı aşan bir süredir Anadolu'yu yurt edinmişlerdir.

Bu yurt edilişte şu farkı gözönünde bulundurmalıdır. Anadolu ,Mezopotamya,Ortadoğu gibi bu geniş alanda daima gevşek bir idare-otorite olmuş,sıradan insanlar ile sınıf üstünlüğü olanlar arasında bir hiyerarşi süregelmiştir.Bin yıl içinde üç peygamber Ortadoğu'da neşet etmiştir.Hz.Yahya,Hz.İsa,Hz.Muhammed

Türkler bu topraklarda -daha önceki medeniyetlerde görülmemiş ölçüde- yaptıkları yapılarla, sıradan ya da sıradan olmayan herkesin eşit şekilde faydalanabileceği hanlar, hamamlar, kervansaraylar,köprüler, çeşmeler, ibadet alanları vb.. yaptıkları **çalışmalarla bu toprakları inceden inceye işlemiş ve bir medeniyet oluşturmuşlardır.**

İstanbul'un fethi ile yeni çağ başlarken Avrupa'da akla uygun değerlerle ve kurallarla örüntülü,yeni fikir ve gelişmelere ,sanata açık bir yeni uyanışa geçmiştir.

Ve bir zincir reaksiyon gibi tarih hep devam etmekte,devam etmektedir.

MİLATTAN SONRA DÖRDÜNCÜ YÜZYIL

Çinliler Hint Okyanusu'nda seyahatlerde bulunmaya devam ediyorlar.

Bu yüzyılda Hristiyanlık Roma İmparatorluğu'nun resmi dinidir.Bu yüzyıl Roma İmparatorluğu'nda teslise dair tartışmaların olduğu yüzyıldır.Bu amaçlar İznik'te İmparator'un liderliğinde Birinci İznik Konsili toplanır.Yaklaşık iki ay süren iki farklı görüşün tartışmalara

İmparatorluğun tamamına yakın bölgelerinden ve doğu'dan temsilciler gelir.Ve akaide dair bazı kararlar alınır.

375 yılında birinci kavimler göçü yaşanır.

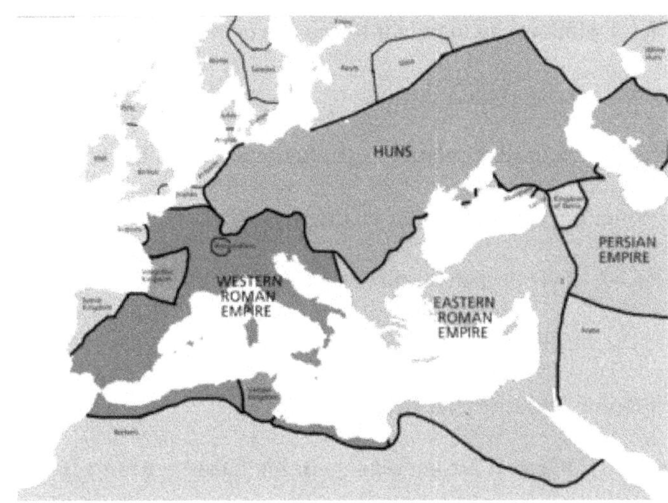

Birinci Kavimler Göçü bir anda olan bir durum değildir.Sosyolojik olarak yüzyıllar içinde gerçekleşmekle birlikte Hun İmparatoru Atilla liderliğinde Hunların güney ve batı Avrupa' ya doğru ilerlemesiyle o güzergahtaki bütün kavimlerin yer değiştirmesiyle sonuçlanmıştır.

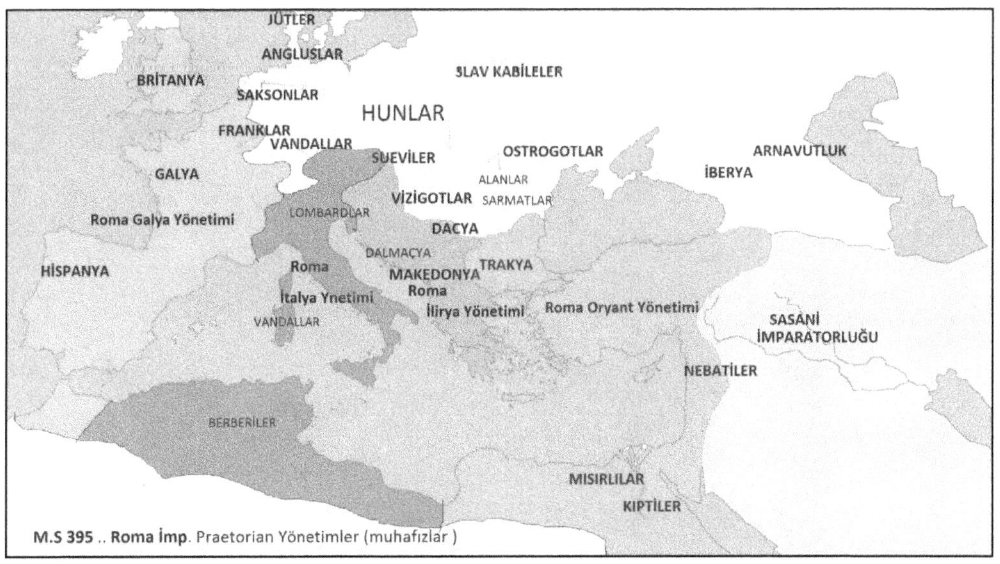

Harita da incelenirse **Franklar** Galya'ya **,Hunlar** Galya ve Bulgaristan'a **,Ostrogotlar**

İtalya'ya **,Vizigotlar** İspanya'ya **,Vandallar** Kuzey Afrika'ya , diğer kavimler de benzer şekilde Avrupa'ya ilerlediler. Geldikleri bu topraklar Roma'nın eyaletleri idi.Saksonlar Britanya'yı işgal ettiler.Roma İmparatorluğu'nun doğu toprakları böylece işgal edildi ve yağmalandı.**Romalılar gelen bu yabancı kavimlere genelleme yaparak barbarlar diyorlardı.** Bu göç Doğu Roma İmparatorluğu'nun yıkılmasıyla sonuçlandı.Kitaplarda okunan meşhur Avrupa ortaçağı böyle başladı.Krallıklar yıkılırken gelen kavimlerle beraber **derebeylikler**/feodal yapı güçlendi.Toplum yapısında yine bir hiyerarşik yapı oluştu.**Kilise** ve **papalık** güçlendi.Gelen toplumlar Hristiyanlığı kabul ettiler.

Ancak kafalarındaki yasakları, bilimsel bir gerçeğe/ yeni bir bakış açısına açık olmamayı, dini gerekçe göstererek din adına uyguladılar.

Yedi yüzyıl İstanbul'un fethine kadar bu ağır atmosfer bir şekilde devam etti.Taa ki on beş tane yüzyıl geçene kadar bu süründürme bir şekilde devam etti.Sonunda Avrupa ülkeleri laik bir devlet hukuku oluşturarak, **akla uygun bir ortak paydada** buluştular ve **insanların kendi fikirlerini dine alet ederek, gelişime engel oluşlarının önüne geçtiler.**

FELSEFE ÜZERİNE

AUGİSTİNUS bu dönemde etkin bir filozoftur.Beşinci yüzyılda da vardır.Okuyan ve fikirsel arayışları gelişimleri olan bir insandır. Hristiyanlığa yaklaşır.Öncesinde neo Platonculardan etkilenmişliği vardır.Hristiyan olur ve Afrika'da bulunur. Afrika'da berberi çiftçiler kiliseye karşı savaş vermişler Augistinus kilisenin safında bu ayaklanmayı bastırmak için çabalamıştır.

Bir ''**yeryüzü devleti**'''nden bir de ''**gökyüzü devleti**'''nden bahseder:

Gökyüzü devleti tanrı devletidir.İnsanlar hayata bakış açılarına göre bu ikisinden birini seçer.Maddeyi,Tanrı'dan çok kendisini,ruhundan çok maddeyi seven insanlar yeryüzü devleti oluştururlar.Tanrı'yı sevenler gökyüzü devletinde birleşirler .Hatta bunu bireye de indirgeyerek dünyadaki insanları da iki safa ayırır.Yeryüzünde gelip geçmiş ülkeleri bile bu saflara göre düşünce dünyasında yerleştirir.Hristiyanlığın azizlerindendir.

Zaman konusundaki yaklaşımları dikkat çekicidir.

YERYÜZÜ DEVLETİ

Augistinus'un bu siyaset felsefesine dair bakış açısı, **inançlar üzerinden otorite ve güç oluşturmaya çok müsait bir söylemdir.**Bahsettiği kaide **kendini ''gökyüzü devleti'' nde gören insanların sorgulama yapma reflexlerinin önüne çekilmiş psikolojik bir settir.**

Gökyüzü Devleti'nde **yöneticiler insandır.**Ve siyaset bu yüzyıllarda da gücün,paranın,aldatmanın **tesir**ine oldukça açıktır. Siyasette önde olmak isteyenler maddeyi,kendini,bedenini sevenler,Tanrı'yı, ruhunu tinseli seviyormuş gibi pekalaa davranabilmektedirler. Samimi bile olsalar düşünce dünyaları maalesef olayları çapıyla analiz etmede yeterli olamayabilmektedir.Socrates davasında mahkeme hakimler heyeti beş yüz kişi idi!!

Safi bir inanç ekseniyle bakınca Allah **yeryüzündeki insanların işlerini insanlara bırakmış,**adaletli olmalarını emretmiştir.

O halde devletten beklenen adalettir.İnsanın devlette bakması ve bulması gereken adalettir.

Augistinus'un fikirlerine bakılırsa ''gökyüzü devleti kavramı''nın iz düşümleri devletin kutsanmışlığını,tam işleyemeyen adalet mekanizmalarını haksızlık yapılan hayatları sonuç vermiştir.

Bunun örnekleri Hristiyan dünyasında da İslam Dünyası'nda da vardır.Ama sorumlusu din değil,insandır.

MİLATTAN SONRA BEŞİNCİ YÜZYIL

Bu yüzyılda Batı Roma yağmalardan korunmaya ve kurtulmaya çalışmış,çok direnemeyerek yıkılmıştır.

Roma çeşitli defalar yağmalanmıştır.Kavimlerin Avrupa içinde kendine yer bulam çabaları devam etmektedir.

Bu yüzyılda Hint Okyanusu'nda Afrika Kıtası'ndan Çin'e deniz yolculukları yapılabilmektedir.Hindistan'dan Çin'e Budizm ulaşmıştır.

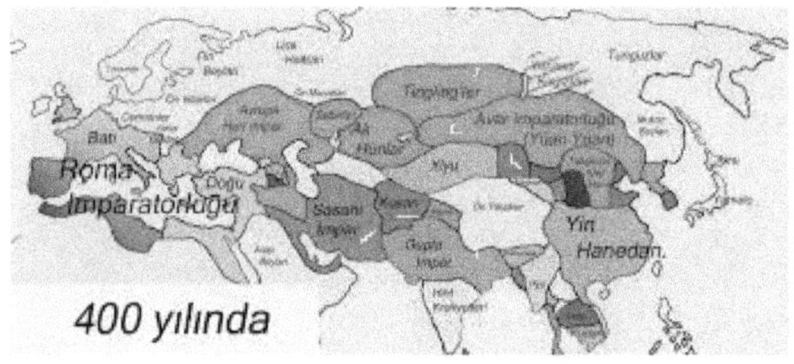

Kurucusu Siddhatta Gautama'dır.Farklı ve güzel bir hayat hikayesi vardır.

Siddhatta Gautama

İsminin anlamı:Amacına ulaşmış şeklindedir.İsa'dan beş yüz altmış küsur yıl önce doğduğu tahmin edilmektedir.Nepal- Hindistan sınırında bir şehirde dünyaya gelir.

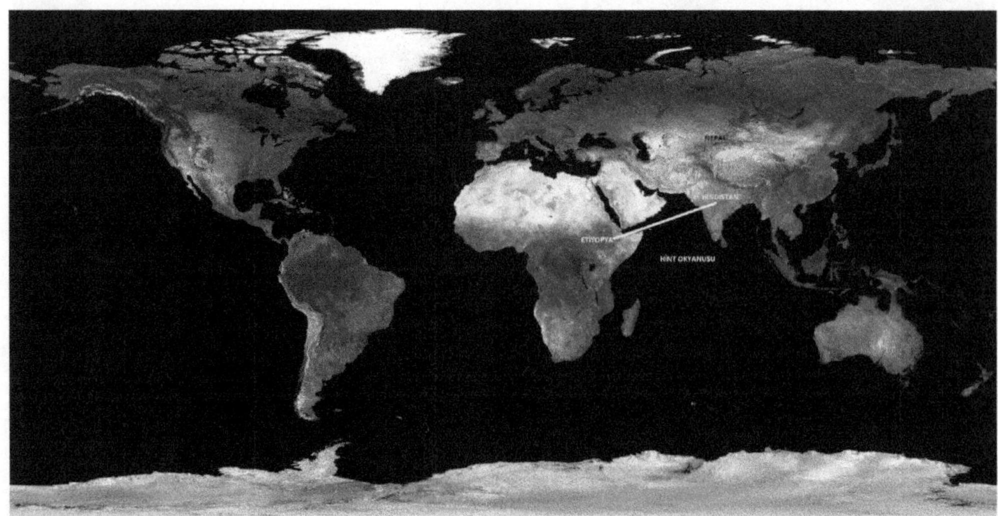

Babası kabilesinin kralıdır.Kral ,oğlunu yarınların kralı olarak saraydan uzaklaştırmadan ve dünyadaki hiçbir olumsuzluğu bilmeden büyütür.Siddhatta evlenir,çocuğu olur ve dış dünyada yaşlıların hastaların fakirlerin yardıma muhtaç insanların olduğunu görünce bundan çok etkilenir.Kendini insanlığa adar.

Çocuğunu,eşini,yaşadığı şehri terk ederek bir kendini bilme yolunda bir yolculuğa başlar.Çilekeşlerle dolaşır.Din adamlarıyla görüşür.Kendi yolunu bulmaya çalışır.**''Orta yol''** diye tanımladığı,derin düşünme zamanlarıyla yoluna devam eder.Derin düşünme-meditasyon yaparken nefret hırs ve cahillik gibi sıfatlardan uzaklaşır.Tecrübe ve bilgeliğini insanlara aktarmaya başlar.İnsanların hiçbirini diğerinden ayırmaz ve çok sevilir.

Zamanla halk arasında Buda ismiyle heykeli yapılarak tapınılan biri haline gelir.

Yaşamının iz düşümleri kendisinden **sekiz yüzyıl sonra yaşayan** İbrahim bin Ethem'e ne kadar benzemektedir.

O da varmak istediği kemalat için tahtını,çocuğunu ve yaşadığı şehri terk ediyordu.

O da ''orta'' yol üzere yaşamaya çalışıyordu.

Bir farkla bu tebliği İslam peygamberi Hz.Muhammed'den ve kutsal kitap Kur'an-ı Kerim'den alıyordu.

Bir farkla ki Hz.Muhammed Siddhata'dan sekiz asır sonra yaşıyor ve Allah'ın emri ile emrediyor ve tebliğde bulunuyordu.

Bir farkla ki Hz.Muhammed'in ardından gelenler O'nun resmini çizmemişler heykelini yapmamışlardı.

Bir farkla ki Hz.Muhammed kul bir peygamber olarak,İbrahim Bin Ethem bir Allah dostu olarak tarihte yerini alırken,Siddhatta çok sevildiği için ilah konumuna yükseltilmişti.

Hayat hikayesinde anlaşılan şehrine bile kral olmak istemediği,insanlara rehberlik etmeyi yaşamının en büyük gayesi saydığıdır.

Gelecek yüzyıl dünyaya mucizeleriyle HzMuhammed a.s. gelecektir.

Acaba neler yaşanacaktır?